27
Ln 15418.

APPENDICE

A LA BROCHURE INTITULÉE :

LE GÉNÉRAL D'ORGONI,

SA MISSION EN FRANCE ET A ROME, ETC.,

PAR

PROSPER DU MONT,

Ancien Officier.

Suum cuique.

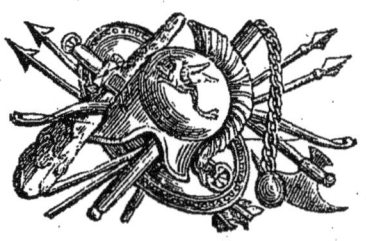

PERPIGNAN.

TYPOGRAPHIE D'EUGÈNE AMADIS, SUCCESSEUR DE J.-B. ALZINE,

Rue des Trois-Rois, 1.

1859.

A MON ENNEMI [1].

Malheureux que je suis! pour un pauvre opuscule
De mon nom revêtu, voici que la férule
D'un savant (qui, morbleu! n'y va pas de main-morte)
A failli me...... j'en ris, traiter de telle sorte
Que, pendant bien longtemps, j'aurais perdu le goût
D'user, ô doctes Vatels, de votre ragoût !

   On a de l'esprit
   Ou l'on n'en a pas ;
   Mais bien fou qui rit
   De ce qu'il n'a pas.
— Vas-t'en donc voir, Jean, si j'en ai ;
Et, pour ne pas nuire à ma gloire,
Garde-toi de crier au geai ;
Car, on dit, mais..... trêve d'histoire !
— A boire, à boire, à boire, à boire.....
Dieu! quelle est cette voix d'ivrogne ?
Eh quoi! c'est vous, mon écritoire,
Qui réclamez de l'encre noire.
Au diable soit tout ce grimoire !
Plus j'écris, hélas ! plus on *grogne*.
Et, cependant, de la parole
Passer de suite à l'action
Sans repasser par votre école,
   Maudit ennui,
   Mon ennemi,
Est toute mon ambition !!!
 Acta, sed non verba,
  A quand, Sire, cela?

[1] Je ne m'en connais qu'un.

APPENDICE

A LA BROCHURE INTITULÉE :

LE GÉNÉRAL D'ORGONI,

SA MISSION

EN FRANCE ET A ROME, ETC.

I.

Un Général *pour rire.*

Suum cuique.

Comme le sieur d'Orgoni, depuis bientôt trois ans, s'est constamment et opiniâtrément appliqué à faire beaucoup de bruit autour de son nom, sans s'inquiéter de savoir si le public honnête et intelligent de France approuvait ce grand *tintamarre* carnavalesque, nous sommes heureux de mettre, de nouveau, au service des vanités d'un homme passé maître dans l'art d'inventer des *puffs*, et qui, à titre de romancier ou de dramaturge, aurait pu, bien certainement, rendre des points à monsieur Alexandre Dumas, père, nous sommes heureux, disons-nous, de mettre de nouveau au service des vanités d'un homme que (Dieu nous pardonne!) *nous avons pris un instant pour un véritable héros*[1], une des mille voix de la Renommée (ô *Charivari*, voilà de tes coups!) en donnant la plus large publicité possible à trois lettres demeurées jusqu'à présent au fond de notre portefeuille.

Ce n'est, on peut nous croire, qu'à force de persévérantes recherches, que nous sommes parvenu à être fidèlement renseigné sur les prétendus hauts faits et gestes du trop fameux prince Neh-myo-ti-ti-zel-Ah! (nez mis au... ou qui sait à!) cousin de l'Empereur des Birmans, homme de belle apparence, *omnis homo* (comme l'ont écrit les biographes, ou si vous le voulez, les biogriffes Raincelin, Tisseron et Cie), général sur tous les généraux, neveu de la lune et des étoiles, fils du soleil, —j'en passe... et des meilleures, vous le savez mieux que personne, très-facétieux rédacteurs de la *Gazette de France*, de la *Gazette de Lyon*, du *Courrier de Marseille*... qui, à cette heure encore, persistez à donner publiquement, et, on ne peut plus sérieusement, le titre de *général* à un soi-disant légitimiste, dépourvu même du simple brevet de sous-lieutenant français.

Ah! messieurs, ne craignez pas de prendre exemple sur un pauvre *mystifié*, et, dès-lors, ne craignez pas

---

[1] Voir la brochure intitulée: *Le Général d'Orgoni, sa mission en France et à Rome*, etc., etc.

Note de l'auteur. Fâcheusement et très-incorrectement retouchée par une personne de Nancy qui avait été simplement *priée* d'en surveiller l'impression, cette brochure n'est pas, avouons-le, au risque de déplaire à nos censeurs, *ce qu'elle devait être*. A notre grande stupéfaction, et sans que nous ayons pu nous opposer aux velléités facétieuses d'un malicieux correcteur, la biographie fantastique, mensongère du sieur d'Orgoni, quoique extraite de documents publiés à Paris, avait pris la place d'une foule de renseignements et de réflexions propres, pensons-nous, à jeter quelque jour sur les questions indienne, chinoise, cochinchinoise, tout nouvellement et si providentiellement soulevées. *Dura lex, sed lex!*

d'avancer humblement que vous avez été complétement les dupes du plus subtil inventeur de canards politiques, diplomatiques et religieux qui ait jamais vécu! Cet aveu, ce me semble, ne peut qu'être profitable à vous-mêmes et aux honnêtes gens de tous les partis.

Voici, par rang d'importance (en remontant, toutefois, du chiffre 3 au chiffre 1) les documents annoncés :

I.

A M. le Supérieur du Séminaire des Missions étrangères.

« Monsieur le Supérieur,

« Je vous serais infiniment obligé de vouloir bien me
« dire, le plus tôt qu'il vous sera possible, si la lettre
« que j'ai l'honneur de vous faire passer sous ce pli est
« bien de Mgr Bigaudet, évêque, vicaire apostolique du
« Pégu (Indo-Chine).

« Quelques personnes de ma connaissance doutent de
« l'authenticité de cette lettre et croient que les Anglais,
« ayant intercepté au passage et la brochure et la missive
« que j'ai adressées, par l'intermédiaire de Mgr Bonnand,
« vicaire apostolique de Drusipore (Inde), au bon évêque
« d'Ava (Birmanie), se sont amusés à me faire, au nom
« de ce dernier, la singulière réponse que vous trouverez
« ci-incluse.

« Quant à moi, Monsieur le Supérieur, j'hésite d'autant
« moins à opiner que la lettre en question émane réelle-
« ment de Mgr Bigaudet, que Mgr Bonnand a eu l'extrême
» obligeance de m'informer, à la date du 12 juillet der-
« nier, qu'il avait pris toute précaution possible pour que
« ma missive et ma brochure parvinssent à Monseigneur
« l'Évêque d'Ava.

« Puis, s'il faut que je dise, sans aucune réticence, ma
« pensée, les allures de M. d'Orgoni, observées, étudiées
« plus attentivement, me paraissent, en dépit du juge-
« ment favorable que, tout d'abord, j'ai porté sur ce
« prétendu héros, ressembler beaucoup trop à celles
« d'un homme dont la *marotte* serait une prétention
« bien décidée à une célébrité quelconque, dût cette
« célébrité aboutir aux Gémonies, ou plutôt prendre fin
« dans l'enceinte d'un tribunal de police correctionnelle,
« où tout intrigant qui s'avise de porter illégalement des
« décorations et d'usurper des titres, reçoit, par simple
« application de l'art. 259 du Code pénal, et aux applau-
« dissements des honnêtes gens, le châtiment qu'il mérite !
« Daignez agréer, etc. « P. Du Mont. »

II.

A Monsieur Prosper Du Mont, ancien Officier.

« Monsieur,
« Je viens d'être chargé, de la part de M. le Supérieur
« du Séminaire des Missions étrangères, de répondre à la
« lettre que vous lui avez adressée.—La lettre que vous
« lui avez fait passer *est bien authentique;* il la croit
« certainement de Mgr Bigaudet.
« Veuillez recevoir le témoignage du profond respect
« avec lequel j'ai l'honneur d'être, Monsieur, votre ser-
« viteur dévoué,

« L. Blettery, Prêtre aux Missions étrangères. »

III.

† *Au même.*

« MISSION DU PÉGU (Birmanie.)   « Rangoon, le 16 août 1858.

« Monsieur,
« J'ai l'honneur de vous accuser réception de votre
« lettre du 3 juin.

« Quoique le sujet sur lequel vous m'écrivez soit délicat,
« je n'hésiterai pas un instant à vous dire toute la vérité.
« Votre franchise m'y autorise, et m'on caractère m'en fait
« un devoir.

« Je pense, comme vous, que le séjour en France de
« M. d'Orgoni se prolongera indéfiniment, et pour de
« bonnes raisons, qu'il connaît mieux que tout autre
« personne. Il sait fort bien qu'il n'a jamais eu à faire
« avec un seul soldat birman et qu'il n'aura jamais, dans
« la suite, à se vanter d'être un général birman.

« 1º M. d'Orgoni n'a jamais eu d'emploi ni civil ni
« militaire en Birmanie; il n'a jamais discipliné un seul
« soldat et n'a jamais eu le moindre commandement.
« D'après tous les renseignements que j'ai pris à Amera-
« poora (capitale de la Birmanie), pendant mon séjour
« en cette ville (année 1856), M. d'Orgoni n'a jamais
« joui de la moindre influence auprès de la Cour de ce
« Royaume.

« 2º Si M. d'Orgoni a porté des décorations de l'Élé-
« phant blanc et du Paon, je déclare qu'elles sont de
« son invention et de sa fabrique, et que rien de la sorte
« n'existe dans le royaume birman.

« 3º J'ai lu la copie en birman de la lettre du Roi, ou
« plutôt, du Ministre birman à l'Empereur Napoléon III;
« il est positivement dit que M. d'Orgoni va en France
« pour accompagner les envoyés, mais il n'était lui-même
« nullement un envoyé, à plus forte raison, plénipoten-
« tiaire, etc... Il n'est revêtu d'aucun caractère officiel.
« Je n'ai pas l'honneur de connaître M. d'Orgoni, par
« conséquent, je n'ai et ne puis avoir, en parlant de lui,
« qu'un désir, c'est de rendre hommage à la vérité.

« Vous me demandez, Monsieur, si je pense que le Roi
« d'Ava soit disposé à vous recevoir pour discipliner ses

« troupes. A cette question, je réponds positivement et
« distinctement par un *non*. Le Roi actuel ne s'occupe que
« de son commerce, des *Talapoins* (prêtres du pays) et
« de ses concubines. Il ne pense nullement à organiser
« ses troupes.

« Si vous voulez venir en Birmanie pour avoir des
« désappointements, des déboires, de la misère et de la
« pauvreté, vous ne serez pas trompé dans votre attente;
« mais si vous prétendez y venir pour réaliser les plans
« grandioses exposés dans votre brochure, vous n'attein-
« drez jamais votre but.

« Je suis extrêmement peiné de n'avoir pas de rensei-
« gnements plus agréables et plus conformes à vos vues
« à vous communiquer par cette occasion; mais vous
« seriez le premier à me blâmer si, en vous cachant la
« vérité ou seulement en la déguisant, je vous engageais
« à faire une démarche qui serait pour vous une source
« de désappointements et de misère.

« J'ai l'honneur d'être, mon cher Monsieur, avec une
« parfaite estime, votre dévoué serviteur,

« † L. Bigaudet, Évêque de Ramatha, etc. »

II.

Qui vive? — France!

Audacem non juvat semper fortuna.

Et maintenant que nous en avons fini (c'est, du moins, notre espoir) avec les aberrations de vanité et d'orgueil du sieur d'Orgoni, nous sera-t-il permis de fournir la preuve de la ténacité que nous avons mise (en pure perte, il est vrai) à poursuivre la réalisation de projets éclos... dans un cerveau fêlé, diront peut-être, en grimaçant un sourire, certains Grands-Prêtres de la basoche et de la sacoche? Hélas! détrompez-vous, NN. SS., leur répondrons-nous incontinent, car, ces mêmes projets, ont eu jadis pour patrons des *fous* tels que les de Bussy, les Raymond, les Dupleix, les Pigneaux de Béhain, les Vannier, les Chaigneaux, etc... On voit donc que nos *folies*, si *folies* il y a, ne sont pas précisément renouvelées des... Grecs, mais prennent, en réalité, leur origine dans les conceptions plus que patriotiques d'hommes véritablement admirables, qui, à leurs risques et périls, ont voulu être les pionniers de la civilisation française aux extrémités même de l'Asie.

Tout bien pesé, ce sera peut-être rendre service à ceux de nos compatriotes trop enthousiastes en qui les derniers événements survenus dans l'Inde, la Chine et la Cochinchine auraient fait naître de trompeuses espérances, oui, ce sera peut-être leur rendre service que de les mettre au courant des efforts incroyables, inouïs, qu'un exilé de 1852, amnistié, grâce à Dieu, depuis longtemps, a tentés, mais, hélas! toujours vainement, pour sortir d'une manière honorable de la fausse position qui, encore à cette heure, lui est faite en France. Dès lors, transcrivons, *sans aucune fausse retenue*, les pièces que voici :

A Monsieur Prosper Du Mont.

« Bangkok (Indo-Chine), 12 mai 1857.

« Monsieur,

« Monsieur Albrand m'a fait parvenir votre lettre, dans
« laquelle vous m'exprimez le désir de prendre du service
« auprès du Roi de Siam; mais, je me trouve, à regret,
« obligé de vous en détourner pour les raisons suivantes :
« 1° Sa Majesté ne paraît pas disposée à entretenir des

« troupes réglées ; elle n'a que deux ou trois mille hommes
« de gardes, qui sont exercées par un officier anglais.

« 2º La paie qu'on vous donnerait ici est si minime,
« par rapport à la solde européenne, que certainement
« vous n'en seriez pas satisfait.

« 3º Le Roi actuel tourne toutes ses vues du côté du
« commerce et nullement du côté de la guerre.

« Je pourrais vous apporter encore d'autres raisons ;
« mais je pense que ce que je viens de vous dire suffit
« pour vous faire renoncer à un pareil projet.

« Je regrette beaucoup, Monsieur, de ne pouvoir pas
« vous aider à exécuter votre généreux dessein.

« Agréez, je vous prie, l'expression de ma haute estime
« et parfaite considération,

« † J.-B. PALLEGOIX, Évêque de Mallos,
« Vicaire apostolique de Siam. »

*A M. de Meymée, Secrétaire de l'Ambassade persane,
à Paris.*

« Août 1857.

« Monsieur le Secrétaire d'Ambassade,

« Ce qui se passe aujourd'hui dans l'Inde est de nature
« à faire réfléchir sérieusement le Gouvernement persan
« sur le rôle qu'il peut être appelé à jouer bientôt dans
« l'Asie centrale. Pour mon compte, je suis persuadé que
« si le Souverain de la Perse sait profiter de l'occasion
« qui s'offre à lui pour exercer directement ou indirec-
« tement une influence constante sur les graves événe-
« nements qui ont lieu dans l'Inde, et auxquels ses
« coreligionnaires hindous (cipayes-mahométans) pren-
« nent une très-large part, oui, je suis convaincu que si le
« Souverain de la Perse sait profiter de l'excellente occa-

« sion qui s'offre à lui, tous les peuples de l'Asie centrale
« ne tarderont pas à obéir, de gré ou de force, à
« ses lois.

« Mais, pour arriver plus promptement et plus facile-
« ment à ce but, il faudrait que Sa Majesté le Schah de
« Perse n'hésitât pas à confier l'organisation de son armée
« à des officiers français qui, libres de tout engagement
« envers les Gouvernements européens, pourraient et sau-
« raient rendre de bons et loyaux services à un Monarque
« asiatique, dont l'indépendance est trop souvent compro-
« mise par les intrigues de la Russie et de l'Angleterre.

« D'un autre côté, et dans les circonstances présentes,
« c'est presque un devoir pour le Gouvernement persan
« de secourir, même indirectement, les Cipayes (Hindous-
« Mahométans) insurgés; et le meilleur service qu'il pour-
« rait leur rendre, pour le moment, serait de dépêcher
« secrètement vers eux M. Sémine [1] et quelques militaires
« européens de bonne volonté. Les grandes opérations stra-
« tégiques de l'armée insurrectionnelle recevraient ainsi,
« fort à propos, une impulsion vigoureuse et intelligente.

« Je m'offre, au besoin, M. le Secrétaire d'Ambassade,
« pour partager avec M. Sémine, notre brave compatriote,
« la mission périlleuse qui lui serait confiée.

« Si j'avais un conseil à donner au Gouvernement per-
« san, je lui dirais : Gardez Hérat, coûte que coûte, et
« n'obéissez point aux injonctions, aux sommations du
« Lord-Commissaire anglais, en ce qui concerne la red-
« dition de cette ville aux Afghans. Dans les circonstances
« actuelles, l'occupation de Hérat par les troupes persa-
« nes, a une importance qu'il serait inutile de faire res-
« sortir par de longs discours. Elle est la place d'armes

---

[1] Ancien Officier français au service du Schah de Perse.

« sur laquelle les Persans pourraient et devraient s'ap-
« puyer pour diriger des opérations militaires dans l'Af-
« ghanistan, dans le Caboul, dans l'ancien royaume de
« Lahore et peut-être même jusque sous les murs de
« Delhy, siége de l'insurrection indienne. »

 « Agréez, etc.   P. Du Mont. »

Il paraît que si cette lettre n'a pas porté coup en ce qui avait trait à nos offres de service, du moins, certaine partie de son contenu a été fort appréciée par M. l'Ambasdeur persan (Ferruck-Khan), puisqu'il s'est empressé de faire appel au bon vouloir du Gouvernement français, ainsi qu'aux lumières et au dévouement de plusieurs de nos compatriotes.

C'est donc le cas ou jamais d'émettre le vœu suivant :
« Eh bien! croyez-le, Messieurs de la Mission militaire
« française en Perse, nous désirons de tout notre cœur
« que vous n'éprouviez pas les mécomptes et les cruelles
« déceptions qu'ont eu à subir les officiers instructeurs
« envoyés à Téhéran, sur la fin de 1840, par le Gouver-
« nement de Louis-Philippe, et à la tête desquels se
« trouvait M. le comte de Damas dont tout Montbrison
« se rappelle encore la fin prématurée.

« Le Schah de Perse (nous écrivait, en 1844, un mal-
« heureux compagnon du comte de Damas) nous avait fait
« les plus belles promesses pour nous décider à quitter
« notre patrie; mais, quand il s'est agi de mettre à exé-
« cution ces magnifiques promesses, psitt! On nous a,
« tout d'abord, tourné le dos, et, à la suggestion, sans
« doute de l'Angleterre ou de la Russie, on nous a, plus
« tard, éconduits comme des p...

« Au surplus, ajoutait presque héroïquement notre cor-
« respondant, tant pis pour moi; car, je savais que les

« Persans sont réputés les plus grands menteurs et les
« gens les plus fourbes de tout l'Orient.

« Et, certes, il n'avait pas tort, le pauvre M. Besson !
« Puissent, les nouveaux instructeurs prendre note des
« avertissements amicaux que nous nous plaisons à leur
« donner, et, pour se tenir en parfait équilibre sur la corde
« diplomatique, d'ordinaire très-tendue à Téhéran, s'ap-
« prêter à danser tantôt sur un pied, tantôt sur l'autre,
« en ayant bien soin, d'ailleurs, de fixer constamment et
« alternativement les yeux sur l'homme rouge (l'envoyé
« anglais) et sur l'homme au bonnet d'astrakan (l'envoyé
« russe) ! »

*A Madame Papy, propriétaire de l'hôtel Laffitte,
à Paris.*

« 24 juillet 1858.

« Madame,

« Sachant que, pour la troisième fois dans l'espace
« d'un an, vous avez l'honneur de loger le jeune et très-
« malheureux Prince d'Aoude, je me permets de vous
« prier de vouloir bien l'informer que je brûle du désir
« de prendre part à la guerre d'indépendance que ses
« sujets et compatriotes soutiennent avec tant de courage
« et de persévérance contre les Anglais. Ancien officier
« français et assez jeune encore (car je n'ai pas atteint la
« quarantaine), animé, d'ailleurs, des intentions les plus
« loyales, et comprenant parfaitement combien il importe
« à la cause sacrée de la justice que l'insurrection indienne
« obtienne, le plus tôt possible, un triomphe définitif dont
« les conséquences ne soient pas nuisibles à la cause non
« moins sacrée de la civilisation, j'ose croire que, même
« comme démocrate, je remplis toutes les conditions

— 16 —

« voulues pour venir en aide efficacement et sincèrement
« à un peuple et à une famille de Rois asiatiques qui, de-
« puis longtemps, ont toute ma sympathie.

« Ma conviction intime, du reste, est que l'Angleterre,
« bon gré mal gré, sera obligée, avant un an, d'éva-
« cuer non seulement tout le royaume d'Aoude, mais
« encore une grande partie de la Péninsule gangétique,
« si les Princes indiens ont le bon esprit de mettre à la
« tête des cipayes *nationaux* quelques européens capables
« de mener à bien une œuvre héroïquement commencée.

« L'essentiel, pour aujourd'hui, est de gagner du temps,
« afin que la révolte se propage et s'étende, particuliè-
« rement pendant la saison des pluies et des chaleurs,
« si funeste aux troupes européennes.

« La guerre de *guérillas* se prête merveilleusement au
« caractère des Indiens, à leur manière de vivre et de
« combattre, ainsi qu'aux configurations des territoires
« qu'ils sont appelés à défendre. Il faut donc que, sans
« plus tarder, ils adoptent ce genre de guerre.

« Puis, lorsque l'armée anglaise sera, en dépit de
« toute la prudence de ses chefs, suffisamment éparpillée
« et harassée à la suite d'une foule de combats, ou plutôt
« de rencontres, qui n'auront eu pour but que de pro-
« longer la lutte, au grand avantage des insurgés et
« au grand désavantage de ceux qui leur sont opposés,
« il ne s'agira plus que de frapper avec méthode, rapi-
« dité et intelligence, ce que, dans le langage militaire
« européen, on appelle de *grands coups*.

« Mais, pour faire adopter et pour conduire avec dis-
« cernement cette guerre de partisans, et surtout pour
« frapper, au moment propice, les coups décisifs, il faut
« que des officiers européens, profondément sympathiques
« à la cause des Indiens, soient envoyés secrètement et

« promptement vers les quatre chefs (Tantia-Topee,
« Bahadour-Khan, la Ranée d'Ihansi et la Reine d'Aoude)
« qui, par un heureux à-propos et par une sage inspira-
« tion, viennent de conclure entre eux un traité d'alliance
« offensive et défensive.

« Je m'offre, Madame, pour remplir cette mission ; et
« je l'accepterais avec autant plus d'empressement, que
« je la sais périlleuse. — Dussé-je être seul, je n'en
« persévérerais pas moins dans la noble résolution que
« j'ai formée.

« Afin de convaincre le jeune Prince d'Aoude que je
« m'entends quelque peu aux choses de la guerre, je
« juge à propos de lui faire parvenir, par votre bienveil-
« lant intermédiaire, une petite brochure que j'ai rédigée
« et publiée au moment où la guerre d'Orient touchait à
« son dénoûment. J'ose croire que, parmi les personnes
« qui sont dévouées à S. A. R., il s'en trouvera, au moins,
« une qui voudra bien lui fournir un résumé succinct,
« consciencieux de mes idées et sur ladite guerre d'Orient
« (voir ma brochure) et sur celle à adopter dans les
« Indes (voir la présente lettre).

« Dans l'espoir que la démarche que je tente, par votre
« gracieux intermédiaire, auprès de votre illustre hôte,
« sera couronnée de succès, j'ai l'honneur de me dire,
« Madame, votre très-humble et très-reconnaissant ser-
« viteur, P. Du Mont. »

Réponse de Madame Papy.

« Paris, 2 août 1858.

« Monsieur,

« Le Prince d'Aoude, auquel vous avez bien voulu
adresser, par mon intermédiaire, une brochure et une

« lettre, selon moi, fort remarquables, m'a chargée de
« vous dire que, moins que toute autre personne, il ne
« peut ni doit se prononcer sur la proposition toute
« généreuse que vous lui avez fait l'honneur de lui sou-
« mettre.

« Veuillez agréer, Monsieur, l'expression de mes senti-
« ments distingués,

« F^e PAPY,
« Hôtel Laffitte, rue Laffitte, 40. »

Nota. MM. les Membres du Foreign-Office oseront-ils encore, après avoir pris connaissance de ce curieux document, accuser les malheureux Princes d'Aoude d'être les fauteurs de l'insurrection des Cipayes? Honni soit qui mal y pense! c'est, dit-on, la devise de S. M. la reine Victoria; nous verrons bien si elle y restera fidèle.

Extrait d'une lettre adressée à M. Du Mont par M. le comte Edouard de Warren, ancien officier de S. M. Britannique dans l'Inde :

« Permettez-moi, Monsieur, quoique je n'aie pas l'hon-
« neur de vous connaître, de vous donner un conseil de
« chrétien et de bon compatriote.

« Si vous étiez missionnaire, je comprendrais que vous
« allassiez en Birmanie pour y mourir en cherchant à tra-
« vailler à la propagation du christianisme; mais, laïque
« et militaire, quel que soit l'objet que vous ayez en vue,
« commerce ou politique, curiosité ou ambition, vous ne
« trouverez dans ce pays que des déceptions achetées
« au prix d'une partie de votre fortune et peut-être de
« votre vie ! . . . .
« . . . .

« Si vous êtes curieux de visiter l'Inde et la Chine, il
« serait plus simple et plus sûr, et infiniment plus profi-
« table pour vous, de demander au Ministre français

« compétent de vous attacher, comme volontaire, à
« l'expédition de Cochinchine. Là, il y aurait beaucoup
« de services à rendre et de grandes choses à faire...
« . . . .
« Mais, vous aventurer seul et sans appui dans des pays
« où l'influence française n'a pas encore pénétré, ce
« serait vouloir courir à votre ruine et à la mort.
« Excusez, Monsieur, ces réflexions toutes bienveillantes
« et veuillez agréer l'hommage de votre très-humble ser-
« viteur,

     « Le Cte E. DE WARREN. »

A S. Exc. Monsieur le Ministre des Affaires étrangères.

        « Octobre 1858.

 « Monsieur le Ministre,

« Pour me conformer aux excellents conseils de M. le
« Cte Edouard de Warren, ancien officier au service de
« S. M. Britannique dans l'Inde, auteur d'un livre remar-
« quable, intitulé : *L'Inde anglaise en 1843*, je me dis-
« posais à solliciter auprès de qui de droit la faveur
« d'être attaché, comme simple volontaire, à l'expédition
« de Cochinchine, lorsque les lignes suivantes, citées
« tout récemment par un journal de Paris, m'ont servi,
« en quelque sorte de révélation :

« — Le Capitaine-Général des îles Philippines, Don
« Fernando de Nozzagaraï, gouverneur de cet archipel,
« vient d'organiser le corps de troupes auxiliaires qui
« doivent coopérer à l'expédition de Cochinchine, sous le
« commandement supérieur du Vice-Amiral Rigault de
« Genouilly.

« Ce corps se composera de deux régiments de *Taga-*
« *les*, formant un effectif de 1.500 hommes d'infanterie

« et de 300 de cavalerie, dont l'organisation a été confiée
« à un instructeur français. On assure que ces derniers
« sont déjà armés et montés. On assure également que
« le commandement de l'un de ces régiments va être donné
« à un ancien officier de l'armée d'Afrique, M. Garnier,
« en ce moment au service de l'Espagne, et l'autre au
« colonel Don Bernardo de Lanzarote. »

« Puis-je espérer, Monsieur le Ministre, que, tenant
« compte des intentions patriotiques dont je suis animé,
« Votre Excellence daignera engager le Gouvernement
« espagnol à me choisir pour un des instructeurs du
« corps de troupes auxiliaires, dites *Tagales,* qui doivent
« prendre part à l'expédition de Cochinchine, dirigée par
« M. le Vice-Amiral Rigault de Genouilly?

« Ancien élève de l'École de Saint-Cyr et officier
« démissionnaire sous le Gouvernement du Roi Louis-
« Philippe, je tiendrais à honneur, croyez-le bien, Mon-
« sieur le Ministre, de prouver que, pour un homme de
« cœur, dont l'avenir a été fatalement, et même pendant
« assez longtemps, enrayé par des circonstances excep-
« tionnelles, il y a toujours moyen de rattraper le temps
« perdu et de faire mentir les prophéties peu charitables
« de gens qui ne pardonnent rien à la jeunesse.

« Possesseur d'une petite fortune d'au moins cent
« mille francs, ce n'est, vous le comprendrez facilement,
« Monsieur le Ministre, ni par besoin ni par pur esprit
« d'aventure que je me déciderais à m'expatrier; mais,
« animé du vif désir de contribuer pour ma part, si fai-
« ble qu'elle puisse être, à la gloire, au prestige du nom
« français dans les lointaines régions asiatiques, je suis
« prêt, en vue d'un tel but, à tout tenter, à tout ris-
« quer, à tout braver. Veuillez donc bien me prêter
« votre appui, Monsieur le Ministre, et tout n'en ira

« que pour le mieux dans la meilleure expatriation pos-
« sible.

« Les lignes suivantes que j'extrais d'un opuscule
« dont je suis, bon gré mal gré, l'auteur vous feront
« saisir, j'ose l'espérer, Monsieur le Ministre, la portée
« complète du but que j'aimerais à poursuivre dans l'ex-
« trême Orient : (Voir page 11 de la brochure intitulée :
« *Le Général d'Orgoni, sa mission en France et à Rome,*
« etc., etc., depuis ces mots : « Somme toute, etc., » jus-
« qu'à ceux-ci : « Il y a, du reste, longtemps que, etc. »)

« Daignez agréer, Monsieur le Ministre, l'assurance
« des sentiments respectueux avec lesquels j'ai l'honneur
« d'être, de Votre Excellence, le très-humble et très-
« obéissant serviteur,

« Prosper Du Mont,
« Ex-Officier au 56me de Ligne. »

« *Nota.* Bien que je ne sois désigné, dans mon brevet d'officier, en date
« du 1er octobre 1859, que sous les prénoms et *nom* de Désiré-François-
» Prosper *Dumont,* j'ai l'honneur de faire observer à S. Exc. M. le Ministre
» des Affaires étrangères, qu'aux termes même de la loi du 28 mai 1858
« sur les qualifications nobiliaires, je suis en droit d'user de la particule,
« attendu que j'appartiens à une famille du département des Vosges, pos-
« sédant des titres de noblesse parfaitement en règle, qui lui ont été
« gracieusement concédés, le 9 février 1550, par le prince Nicolas, comte
« de Vaudémont, tuteur de Charles III, duc de Lorraine, titres dont je
« garde précieusement une copie authentique (l'original de ces mêmes
« titres se trouvant entre les mains de mon cousin-germain Charles
« Du Mont, percepteur à Remiremont (Vosges), descendant légitime de
« la branche aînée. »

*Réponse de Son Excellence le Ministre des Affaires
étrangères.*

« Paris, 9 novembre 1858.

« Monsieur,

« Vous m'avez adressé une demande tendant à obtenir

« mon intervention auprès du Gouvernement espagnol,
« pour être choisi en qualité d'instructeur des troupes
« auxiliaires, dites *Tagales,* qui doivent prendre part aux
« opérations françaises dans l'Indo-Chine. Ces opérations
« ayant été presque aussitôt terminées que commencées,
« il ne me paraît pas possible de donner suite au désir
« très-louable que vous m'exprimez.

« Recevez, Monsieur, l'assurance de ma parfaite consi-
« dération,

« Pour le Ministre et par autorisation:

« *Le Directeur.* (Signature illisible.) »

Allons! il était écrit là-haut, qu'indigne de marcher sur les nobles traces des de Bussy, des Dupleix, des Allard, etc., etc., je n'arroserais point de mes sueurs et de mon sang la terre d'Asie, objet constant de mes rêves, de mes aspirations et de mes études! Que la volonté de Dieu, oui, que la volonté de Dieu soit faite! Serait-il donc écrit, aussi, que la France n'aura jamais de belles et *productives* colonies? Si je juge de son esprit entreprenant et conquérant, par le soin qu'elle semble vouloir mettre à ne pas pousser *trop avant* l'expédition de Cochinchine, surveillée (et c'est peut-être le secret de cette retenue!) d'un œil jaloux par *nos bons amis les Anglais,* je suis tenté de croire que le percement de l'isthme de Suez ne produira pas, pour nous, tous les résultats que MM. Ferdinand de Lesseps et Mougel-Bey [1] sont en droit d'attendre d'une œuvre dont ils ont été jusqu'à ce jour les plus intelligents, les plus infatigables promoteurs.

---

[1] Ce dernier est né à Châtel-sur-Moselle (Vosges). Il est donc mon compatriote; de plus, il a toujours été *l'ami de ma famille,* je suis heureux et fier de le proclamer ici.

Ratons plus ou moins clairvoyants, tirerons-nous, *et semper et benignissimè,* les marrons du feu pour les Bertrands habiles et pour les forbans audacieux que vous savez? Hélas! je ne le crains que trop.

Périm, Périm, Périm, que ne prépare-t-on pas dans ton îlot!!!

Et, cependant, répondez, gens habitués à jurer par les mânes de Napoléon-le-Grand, aurez-vous jamais plus belle occasion de donner du relief au Ministère dirigé par S. A. I. le Prince Jérôme? — L'Inde est en feu; l'Angleterre, frappée d'épouvante, et pensant (mais en vain!) échapper au jugement de Dieu, compte à grand'peine et ses derniers soldats et ses derniers écus; — les habitants de l'empire d'Annam, soulevés, à la voix de nos héroïques missionnaires, contre un gouvernement maudit, demandent à grands cris qu'on les délivre du joug du sanguinaire Tu-Duc et de ses infâmes ministres. Pourquoi donc l'amiral Rigault de Genouilly hésiterait-il à s'emparer d'un pays qu'il peut, à bon droit, considérer comme un fleuron de la couronne impériale de France, puisque l'Indo-Chine, composée de trois royaumes au nombre desquels se trouve l'empire Annamite, présente (chose remarquable!) la forme d'un aigle, dont la presqu'île de Malacca figurerait le col et la tête? — Puis, n'avons-nous pas des droits réels, incontestables à revendiquer sur la baie de Tourane (occupée aujourd'hui par les troupes expéditionnaires), sur le territoire arrosé par le Han, sur les îles de Kiam et de Faï-Fo, au midi, et celle de Haï-Win, au nord? Et ces droits remontent, ne l'oublions pas, à l'époque où Gya-Long, héritier de la couronne d'Annam, mais que les trois frères Tay-Son avaient dépossédé en 1744, fut obligé, pour reconquérir son royaume, de demander du secours à la France, par l'organe du brave Évêque d'Adran, son conseiller intime, et, en échange des secours obtenus, céda à Louis XIV les territoires sus-mentionnés!

Or çà, Messieurs de l'expédition, faites votre devoir, et, pour Dieu et pour la France, ne vous arrêtez pas au plus beau de votre glorieuse entreprise!

Note de l'Auteur.

Nous croyions en avoir fini avec les gasconnades du sieur d'Orgoni; mais, hélas! grande, très-grande était notre erreur, car, aujourd'hui même, 20 décembre 1858, on nous adresse de Toulouse l'avis suivant :

« Dernièrement, un journal de la localité rapportait, nous écrit un de
» nos bons amis, qu'une dame de Bourbon, tout fraîchement débarquée à
« Marseille, s'était mise incontinent à la recherche, à la poursuite de
« M. d'Orgoni, dans le but de.... (ô pudiques lectrices ne vous voilez pas
« la face!) dans le but de *lui* annoncer qu'un énorme héritage *lui* tombait
« directement, perpendiculairement, sinon de la lune, du moins du haut
« d'un pic (nous allions presque écrire du haut d'un *puff*) de l'île Bour-
« bon, où un *sien* et cher parent venait de mourir, laissant (triples incré-
« dules, écoutez bien ceci) une petite fortune évaluée *au minimum* à vingt
« millions (pourquoi pas vingt billions?) »

Avis donc à ceux qui voudront prêter de confiance, c'est-à-dire les yeux fermés, de l'argent au sieur d'Orgoni et à sa dame de l'île Bourbon!

En outre, remarquez que le sieur d'Orgoni
N'a pas même le droit de s'appeler ainsi ;
    Car son vrai nom,
  Lafaridondaine,
  Lafaridondaine,
    Est *Girodon*,
  Lafaridondon!!!
Mais, en changeant les lettres de ce dernier nom,
Il s'est, en bon français, baptisé d'Orgoni
    Biribi,
  A la façon de Normand'y,
    Son ami.

FIN.

www.ingramcontent.com/pod-product-compliance
Lightning Source LLC
Chambersburg PA
CBHW062005070426
42451CB00012BA/2670